사
Love

지금, 사랑

글 이용헌

사랑령
love order

지금, 사랑을 시작하라

FEELDOK

사랑령(愛令)

사랑령(愛令, 애령)은 *사랑(愛)*과 *명령(令)*이 결합된 개념으로, '사랑을 하나의 원칙으로 삼고 실천하자'는 선언적 의미를 담고 있다. 여기서 말하는 '령(令)'은 계엄령처럼 강압적인 통제의 명령이 아니다. 사랑령은 타인에게 내리는 명령이 아니라, 자기 자신에게 건네는 다정한 실천의 약속이다.

- 愛(사랑 애)
  애정, 자애, 타인을 향한 따뜻한 감정
- 令(명령 령)
  법령, 규칙, 혹은 어떤 것을 따르도록 하는 선언

들어서며

사랑령
(LOVE ORDER)

이 책은 사랑령에 관한 이야기다.
사랑이 무엇인지, 어떻게 사랑해야 하는지에 관한 이야기가 아니라 우리가 사랑을 통해 어떻게 존재하는지에 관한 이야기.

사랑령(愛令)은 사랑을 해야 한다는 강제적인 명령이 아니다.

사랑령은 우리에게 항상
사랑으로 '존재하라'는 부드러운 초대이다.

우리에게 사랑령이 필요한 이유는
우리가 사랑을 잊지 않도록 하기 위함이다.

사랑을 잊지 말라는 다짐이며,
사랑을 두려워하지 말라는 격려이며,
사랑을 실천하라는 다정한 선언이다.

사랑이 어려운 사람에게는 용기를,
사랑이 두려운 사람에게는 위로를,
사랑이 멀어진 사람에게는 희망을,

지금, 사랑을 시작하라.

차례

들어서며

사랑령 (LOVE ORDER)   06

에필로그

사랑의 여정을 마치며	154
당신에게	156
\<Love Index Check\> 당신의 사랑 지수는?	159

제1장   사랑령의 선포

지금 사랑을 시작하라

지금 여기서 사랑을 시작하라	17
사랑의 어원	19
사랑하는 꿈	21
사랑은 자기 자신에게도 적용된다	22
자기 사랑 챌린지	25
내 자신을 사랑하는 시간	26
타인을 향한 태도는 곧 나를 향한 태도	28
[사랑의 순간들] 아이에게서 배우는 사랑	30
사랑의 질문들	33

제2장 존재와 사랑

사랑은 다양한 얼굴로 다가온다

사랑의 다양한 얼굴	39
누군가를 깊이 사랑할 때	42
돌고 도는 사랑	44
인간은 왜 사랑을 원하는가	46
존재하는 방법	48
우리는 결국 사랑을 원한다	50
[사랑의 순간들] 어른에게 배우는 사랑	51
사랑의 질문들	53

제3장 사랑의 표현

**사랑은 느끼는 것이 아니라
표현하고 행동할 때 비로소 완성된다**

사랑은 감정인가 행동인가?	59
침묵과 표현 사이의 사랑	62
사랑의 소리	64
사랑의 증거	66
역설	69
지난날 상처받은 사랑도 사랑일까	70
영화에서 전하는 사랑의 메시지	72

| [사랑의 순간들] 일상에서 발견한 사랑 | 74 |
| 사랑의 질문들 | 77 |

제4장 사랑의 실천

사랑은 나중이 아니라, 지금이다

자연에서 배우는 사랑	83
작은 행동의 힘	86
사랑은 지금이다	88
사랑의 작은 기적	90
관계에서 사랑을 지속하는 법	92
공간과 사랑	94
사랑의 작은 신호들	97
[사랑의 순간들] 자연에서 배우는 사랑	100
사랑의 질문들	103

제5장 사랑의 장애물과 시간

사랑은 노력하지 않으면 희미해진다

| 사랑하기 위해 필요한 태도 | 109 |
| 한 계절을 살아내며 | 110 |

두가지 얼굴	111
시간이라는 선물	112
이별하기 때문에 사랑한다	115
변화하는 관계 속에서 사랑을 지키는 법	117
기다림도 사랑이다	119
다양한 문화 속의 사랑	121
사랑을 지속하는 연습	123
[사랑의 순간들] 시공간을 뛰어넘은 사랑	125
사랑의 질문들	127

제6장 사랑의 힘

살아있으므로 사랑하는 것이 아니라,
사랑하므로 살아있음을 느끼는 것

나는 사랑한다 고로 존재한다	133
아름다운 장면	135
사랑의 발음은 모두 달다	136
음악으로 흐르는 사랑	139
스스로에게 필요한 질문	142
희생은 사랑일까	144
[사랑의 순간들] 밤하늘에서 느낀 사랑	148
사랑의 질문들	151

🎧 『사랑령』 Love Order Playlist

제1장: 다시, 사랑한다 말할까 - 김동률
제2장: Gravity - John Mayer
제3장: 마음을 드려요 - 아이유
제4장: I Like Me Better - Lauv
제5장: 최유리 - 사랑
제6장: All You Need Is Love - The Beatles
에필로그: 볼빨간 사춘기 - LOVE

사랑에는 음악이 있다.
각 장을 위해 선곡한 여섯 곡의 사운드트랙

제1장

사랑령의 선포

지 금 사 랑 을 시 작 하 라

이 장의 테마 음악

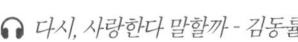 다시, 사랑한다 말할까 - 김동률

지금 여기서
사랑을 시작하라

사랑을 명령할 수 있을까?
누군가를 사랑하라고 말하는 순간
그 사랑은 사랑이 아니라 의무가 된다.

그러나 때로는
사랑을 해야 한다고 말해줘야
사랑을 시작하는 사람들이 있다.

사랑이 있어야 비로소 우리는
온전히 존재할 수 있다.

사랑은 우리를 더 넓은 세계로 이끌고

더 깊은 자아로 안내한다.
지금 여기서 사랑을 시작하라.

사랑의 어원

사랑에는 어원이 있다.

아주 오래전, '사랑'이라는 말은 생각할 사(思), 헤아릴 량(量)의 조합, 「사량(思量)」으로 쓰였다고 전해진다.

누군가를 깊이 생각하며 헤아리는 마음. 그것을 '사랑'이라 부른 것이다.

"나는 당신을 「사랑」합니다."
이 고백 속에는 당신을 끊임없이
떠올린다는 진심이 담겨 있다.

상대를 향한 생각이 깊어질수록 애정은 자라나 마음은 서서히 사랑이 되어간다.

사람을 깊이 헤아리고 진심으로 생각하는 모든 순간은 사랑이다.

"당신을 생각합니다"라는 말은
"당신을 사랑합니다"라는 말과 다르지 않다.

사랑하는 꿈

사랑하는 꿈을 꾸었다.

나비가 되어 꽃에게 날아가는 꿈.
파도가 되어 육지로 달려드는 꿈.
비가 되어 땅으로 쏟아지는 꿈.
구름이 되어 하늘 곁에 머무는 꿈.

모든 형태로 사랑인 꿈.
오늘 꿈만은 외롭지 않았다.

사랑하는 꿈이었다.

사랑은
자기 자신에게도
적용된다

사랑은 언제나 타인을 향한 것일까?
우리는 가족을, 친구를, 연인을 향해 사랑을 표현하면서도 정작 자기 자신을 사랑하는 방법은 제대로 배우지 못했다.

"너 자신을 사랑하라."
이 말이 이렇게 어려운 이유는 무엇일까?

누군가는 거울 속 자신을 마주할 때마다
부족한 점을 먼저 찾는다.
누군가는 자신을 사랑할 자격이 없다고 느낀다.

"자기 자신을 사랑하지 않는다면,
어떻게 타인을 온전히 사랑할 수 있겠는가?"

타인을 사랑하는 만큼 우리는 자기 자신을 사랑하는 법을 배워야 한다.

자기 자신을 다정하게 대하는 것.
쉬어도 된다고 말해주는 것,
넘어졌을 때 스스로를 책망하지 않는 것.
이 모든 것이 자기 자신을 쉽게 사랑하는 방법 중에 하나다.

- 거울 속 자신에게 미소 짓기
- "나는 충분하다"라고 스스로에게 말하기
- 따뜻한 차 한 잔, 혹은 좋아하는 음악 한 곡을 스스로에게 건네기

자기 자신을 사랑하는 것은 이기적인 것이 아니다.

우리는 조금 더 자기 자신을 사랑할 필요가 있다.
사랑령을 내리고 사랑하는 법을 배워가야 한다.

자기 사랑 챌린지

마음에 와 닿는 것부터 하나씩 선택해 나를 돌보는 연습을 해보자.

- [ ] 거울을 보며 자신에게 친절한 말 하기
- [ ] 20분 이상 자연 속에서 걷기
- [ ] 자신의 강점 5가지 적어보기
- [ ] 감사한 일 3가지 기록하기
- [ ] 15분간 명상하거나 숨 고르기
- [ ] 어린 시절의 나에게 편지 쓰기
- [ ] 하루 동안 디지털 기기 없이 지내보기
- [ ] 감정을 판단하지 않고 일기에 쓰기
- [ ] 과거의 실수 하나를 스스로 용서하기
- [ ] 오늘 하루 가장 잘한 일을 조용히 축하하기
- [ ] 내면의 비판자에게 "오늘은 쉬어"라고 말하기

내 자신을
사랑하는 시간

내 자신을 사랑해도 좋다.
이것은 허락이 아니라 선언이다.

우리는 주로 타인에게는 너그러우면서도
자신에게는 가혹한 잣대를 들이댄다.

타인의 실수는 배움의 과정이라 말하면서
나의 실수는 용납할 수 없는 결함이라 여긴다.

자신을 사랑한다는 것은
완벽을 추구하는 것이 아니라
불완전함을 인정하는 것이다.

거울 속 나를 바라볼 때,
부족함이 아닌 가능성을 보는 것.
오늘의 실패가 아닌 내일의 성장을 믿는 것.

사랑은 밖으로만 향하는 것이 아니다.
먼저 자신을 채워야 다른 이에게도 넘쳐흐
를 수 있다. 내 자신을 사랑하는 시간은 가장
근본적인 사랑의 실천이다.

"사랑하라."는 명령은 타인을 향하기 전에
나 자신에게 먼저 향해야 한다.

오늘 하루, 나에게 건네는 다정한 말 한마디.
나를 위한 작은 배려 하나. 이것이 사랑의 시
작이다.

내 자신을 사랑해도 좋다.
그것은 선택이 아닌,
나를 향한 가장 숭고한 약속이다.

사랑령의
선포

타인을 향한 태도는
곧 나를 향한 태도

우리가 타인을 대하는 방식은
결국 자신을 대하는 방식을 반영한다.

평소에 자신을 대하는 방식이
타인을 대할 때도 그대로 드러난다.

대화할 때 휴대폰을 내려놓는 것.
먼저 안부를 묻는 것.
약속 시간보다 5분 일찍 도착하는 것.
늦을 것 같으면 미리 연락하는 것.

이런 작은 행동들은 타인에게는

존중으로 느껴지고
그 존중은 나에게도 돌아온다.

타인의 이야기를 경청하는 사람은
자기 내면의 소리도 들을 줄 안다.

타인을 소중히 여기는 사람은
자신도 함부로 대하지 않는다.

타인의 감정에 민감한 사람은
자신의 감정도 섬세하게 돌볼 줄 안다.

결국 타인을 향한 사랑의 태도는
나를 향한 사랑의 태도와 같다.

사랑의 순간들

아이에게서 배우는 사랑

공원 한켠에서 두 아이가 무언가를 부지런히 찾고 있었다. 여자 아이는 두리번거리며 애를 써도 쉽사리 찾지 못했다. 반면, 남자 아이는 풀숲을 헤치고 다니며 작은 것들을 하나둘 손에 모아갔다.

찾기를 포기한 듯 걸음을 돌리려는 여자 아이를 남자 아이가 다급히 불러 세운다. 그리고 자신이 애써 모은 알록달록한 풀꽃들을 주저함 없이 여자 아이의 손에 모두 쥐여준다.

"너 다 가져."

망설임도, 계산도, 어떤 조건도 없이. 다 가지려 하지 않고 오히려 다 주려는 마음이었다.

어른이 되며 우리는 언제부터 이런 마음을 잊고 살았을까. 아이의 순수한 눈빛과 행동 속에서 사랑의 원형, 사랑의 가장 처음 모습을 다시 본다.

사랑의 질문들

1. 자기 자신을 사랑하는 것이 왜 어려울까?

2. 자기 자신을 사랑하기 위해 오늘 할 수 있는 한가지는 무엇인가?

3. 사랑을 실천하지 못했던 순간을 떠올린다면?

제2장

존재와 사랑

사 랑 은 다 양 한 얼 굴 로 다 가 온 다

이 장의 테마 음악

🎧 *Gravity - John Mayer*

사랑의
다양한 얼굴

사랑은 다양한 얼굴로 다가온다.
- 에로스(Eros) → 열정과 본능적인 사랑
- 필리아(Philia) → 신뢰와 우정의 사랑
- 아가페(Agape) → 헌신과 무조건적인 사랑

인류의 위대한 사상가들은 오래전부터 사랑을 탐구해왔다. 플라톤은 사랑을 '에로스'라 불렀다. 그에게 에로스는 단순한 욕망이 아니라, 아름다움을 향한 깊은 갈망, 그리고 영원한 것에 이르려는 영혼의 여정이었다.

아리스토텔레스는 사랑 중에서도 '필리아'

를 이상적인 관계로 보았다. 단순한 감정적 애착이 아니라 서로의 선(善)을 진심으로 바라는 깊은 신뢰의 사랑이었다.

기독교 전통에서는 '아가페'를 강조했다. 아가페는 대가나 조건 없이, 존재 자체를 있는 그대로 받아들이는 무조건적인 헌신의 사랑이다.

에리히 프롬은 『사랑의 기술』에서 말했다. "사랑은 타고나는 본능이 아니라, 배우고 실천해야 하는 기술이다."

진정한 사랑은 상대를 소유하려는 것이 아니라, 상대방이 성장할 수 있도록 돕는 것이라고 그는 강조했다.

사랑은 결국 열정이기도 하고, 우정이기도 하며, 헌신이며 배움이다.

어떤 형태로든 이 모든 사랑의 모습들은 우리의 삶을 확장시키고 더 나은 사람이 되게 한다.

누군가를
깊이 사랑할 때

누군가를 깊이 사랑할 때
우리는 나보다
그 사람을 먼저 생각하게 된다.

사랑에 빠지면
그 사람을 이해하려
애쓰는 순간들 속에서
내 안의 세계도 함께 넓어진다.

사랑할수록
내가 느낄 수 있는 감정의 색깔들이
더 다양해진다.

그렇게 사랑은 우리를 더 깊고,
더 큰 사람으로 자라게 한다.

"한 사람을 사랑할 때,
나는 더 나은 내가 된다."

어쩌면 이런 변화야말로
사랑이 선사하는
가장 큰 선물일지도 모른다.

돌고 도는 사랑

우리는 어렸을 때 생존을 위해 본능적으로 보호자 곁에 가까이 있으려고 한다. 이 초기의 시기는 우리가 세상을 탐험하는데 안전한 기지가 되어 주며 타인의 관계를 맺는 방식에 영향을 미친다.

부모님에게서 받은 따뜻한 정서는 친구, 연인, 가족으로 다시 환원된다. 결국 사랑은 돌고 돈다.

반대로 상처를 주면 그 상처를 돌려받기도 한다. 상처도 돌고 돈다. 결국 한 사람과 이어진 신뢰의 관계는 여러 사람에게도 영향을 미친다.

사랑은 어느 한 곳에 머무르지 않는다. 돌고 돌아 다시 우리에게 스며든다.
그리고 그 순환의 시작점은 언제나 나 자신에게 있다.

인간은 왜
사랑을 원하는가

우리는 왜 사랑을 원할까? 단순한 본능 때문일까, 아니면 더 깊은 이유가 있을까? 우리는 태어날 때부터 누군가의 손길을 찾는다. 따뜻한 포옹, 다정한 목소리, 마주 보는 눈빛. 이 모든 것이 우리가 이 세상에 존재하고 있음을 확인시켜준다.

만약 아무도 나를 바라봐주지 않는다면 내가 여기 있다는 것을 누가 알아줄까?

결국 우리가 사랑을 하는 이유는 "나 여기 있어요."라고 손을 흔들면 "나도 여기 있어요."라고 응답하는 사람을 만나기 위함이 아닐까.

사랑은 서로의 빛남을 알아보고 목격하는 일이다. 그 순간, 우리는 더욱 또렷하게 살아있음을 느끼게 된다.

존재하는 방법

혼자 있어도 나는 온전히 존재할 수 있을까? 단지 '내가 나를 안다'는 이유만으로 존재가 완성될 수 있을까? 나는 타인과의 관계 속에서, 타인의 기억 속에서 더 선명해진다.

"네가 있어서 다행이야."
"나는 네가 있어서 행복해."
"너라는 사람이 이 세상에 있어서 참 좋아."

이런 말 한마디는 누군가의 세계를 지탱한다.

사랑은 관계 속에서 피어나고, 그 관계는 곧

존재의 힘이 된다.
그러나 사랑이 반드시 타인의 시선 속에서만 가능할까?

사랑은 관계에서 빛나지만, 존재의 본질은 나로부터 시작된다. 사랑에 빠져 있지 않더라도 내가 나를 사랑할 수 있다면 그 시간 또한 소중한 사랑의 시간이다.

나를 사랑할 수 있을 때,
나는 외롭지 않게 더 온전히 존재할 수 있다.

우리는 결국
사랑을 원한다

사람들은 때로 사랑을 피하고 싶어 한다.
지친 마음으로 관계를 밀어내며
혼자가 더 편하다고 말하기도 한다.

하지만 우리는 안다.
사랑 없이 오래 머물 수 없다는 것을.

사랑 없이도 살아갈 수는 있겠지만,
사랑은 우리를 더 풍요롭고
따뜻한 사람으로 만들어준다는 것을.

사랑의 순간들

어른에게 배우는 사랑

보폭의 크기가 다르던 두 노인.

한 사람의 걸음이 느려지자
먼저 가던 발걸음이
조용히 속도를 늦춘다.

마치 오래전부터 그래왔다는 듯이.

걸어가는 보폭이 닮아있으면
사랑하는 마음의 크기도
닮아있을 것이라 짐작했다.

사랑의 질문들 ─────────

1. 사랑을 통해 더 온전히 존재하게 된 순간이 있었는가?
2. 누군가의 존재만으로 위로가 되었던 경험이 있는가?
3. 사랑하는 사람들과 함께할 때 나는 어떤 모습인가?

제3장

사랑의 표현

사랑은 느끼는 것이 아니라
표현하고 행동할 때 비로소 완성된다

이 장의 테마 음악

🎧 *마음을 드려요 - 아이유*

사랑은 감정인가 행동인가?

사랑이란 무엇일까?
마음속에서만 머무는 감정인가.
아니면 반드시 행동으로 표현되어야 하는 것일까?

우리는 사랑을 느낀다고 말하지만
감정만으로는 완성되지 않는 것이 사랑이다.

누군가는 매일 사랑을 표현하기 위해 웃음을 짓고 누군가는 말없이 상대의 손을 잡는다. 그러나 또 어떤 이들은 여전히 망설인다.

"나는 사랑을 느끼고 있어. 그런데 꼭 표현해야 할까?"

하지만 사랑은 표현하지 않으면
알 수 없는 감정이다.

말하지 않으면 전해지지 않고,
행동하지 않으면 느낄 수 없다.

사랑은 거창할 필요가 없다.

지친 사람에게 괜찮아, 잘하고 있어.
위로의 말을 건네는 것.
우산이 없는 사람과 함께 우산을 쓰는 것,
피곤한 친구에게 '잘자'라고 말해주는 것.
건네고 싶은 말을 아끼지 않고 하는 것.

이 모든 순간이 사랑의 완성이다.
사랑은 느끼는 것이 아니라
표현하고 행동할 때 비로소 완성된다.

지금, 오늘, 여기서 아낌없이 표현하자.
아낌없이 사랑하자.

침묵과
표현 사이의 사랑

가장 깊은 사랑은 때로 말없이 전해진다.

아픈 날, 이마에 손을 얹는 어머니.
말 한마디 없이도 그녀의 손길에서 따스한 사랑이 스며든다.

퇴근 후 지친 발걸음으로 들어오는 가족에게 묵묵히 건네는 따뜻한 차 한 잔. 잔 속에 담긴 말 없는 위로가 하루의 무게를 녹여준다.

오랜 시간을 함께한 연인들은 안다.
굳이 말하지 않아도 침묵 속에서도 깊은 교

감이 흐른다는 것을.

그러나 침묵만으로는 부족하다.
사랑은 표현될 때 더 선명해진다.

"사랑해"라는 말이 필요할 때가 있다.
"고마워"라는 인정이 필요할 때가 있다.
"미안해"라는 용기가 필요할 때가 있다.

진심을 다한 한마디의 말이 닿지 못할 곳은 없다. 사랑은 표현이다.

사랑의 소리

당신에게 사랑은 어떤 소리인가.

현관문을 열기도 전에 강아지가 달려오는 발소리. 반가움을 참지 못하고 문 앞에서 빙글빙글 도는 그 작은 애교 소리가 하루의 피로를 씻어준다.

아이들을 재우고 설거지하는 어머니의 물소리. 식탁 위에서 밥그릇에 수저 놓는 소리. 매일 반복되는 평범한 소리지만, 그 속에 온 하루의 정성이 담겨 있다.

배갯맡에서 들려오는 할머니의 가쁜 숨소리. 그마저도 사랑의 소리다.

사랑이 내는 소리는 폭죽처럼 요란하지 않다.

우리의 귀에 "사랑해"라고 말하지 않아도 일상의 작은 소리들이 사랑을 대신한다. 당신에게 사랑은 어떤 소리인가. 어쩌면 너무 익숙해서 듣지 못했던 삶의 배경음에 사랑의 소리가 숨어 있을지도 모른다.

사랑의 증거

"당신을 생각합니다."
이 고백에 담긴 마음의 무게는 얼마나 될까?

디지털이 휩쓸기 전 세상에서 편지를 쓴다는 건 사랑의 가장 아름다운 의식이었다. 종이 위에 번지는 잉크처럼 쓰는 이의 마음도 함께 번졌다.

역사 속 유명한 편지들은 사랑의 영원성과 시대를 초월한 인간 감정의 깊이를 보여준다.

전쟁터와 정치적 활동 속에서도 나폴레옹은

사랑하는 조세핀에게 진심을 담은 편지를 남겼고, 청력을 잃어가던 베토벤은 '불멸의 연인'에게 전하지 못한 열정의 편지를 남겼다.

일상에서의 편지는 직접적으로 표현하기 어려운 감정을 안전하게 담아내는 그릇이다. 정제된 언어, 신중하게 선택된 단어들, 그리고 수정과 재작성의 흔적은 발신자의 진정성을 느낄 수 있다.

"오랜 기다림에 감사합니다."
"당신이 있어 다행입니다."
"함께해줘서 고맙습니다."

이런 일상적인 문장들이 손글씨로 전달되면 특별한 무게를 지닌다.

여전히 글로 표현된 사랑의 가치는 변하지 않는다. 다만 매체가 바뀌었을 뿐, 진심을 담아 쓴 글은 여전히 깊은 감동을 준다.

편지를 쓰는 행위는 상대방을 향한 시간의 투자이자, 자신의 내면을 정직하게 드러내는 용기와 같다.

당신의 마음을 종이 위에 얹어보자. 그것이 가장 오래 남는 사랑의 증거가 될 것이다.

역설

사랑할수록 자유로워진다.
붙잡을수록 멀어진다.
소유하려 들수록 상실한다.
역설적이게도.

지난날 상처받은 사랑도 사랑일까

사랑은 늘 아름답기만 한 감정일까?

우리는 사랑을 하며
때로는 다치고, 아프고, 무너진다.

이별의 상처가 너무 아파
그 사랑마저 부정하고 싶어진다.

하지만 몸에 남은 흉터가
나의 일부가 되는 것처럼
사랑의 상처 또한
내가 사랑을 했음을 말해주는 자국이다.

혹시나 다칠까 두려우면서도
기꺼이 마음을 건넸던 나.

그 송두리째 내어준 용기만으로도
충분히 박수받아야 마땅하다.

지난날 상처받은 사랑도 사랑일까?
그에 대한 대답은 Yes.

한때 나의 일부였고
한때 나를 웃게 했던 기억.
끝내 이별이라는 이름으로 남았지만
형태만 변했을 뿐
그 모든 감정까지 품은 마음이야말로
진짜 사랑일지도 모른다.

영화에서 전하는
사랑의 메시지

영화 『노트북』이 우리에게 가르쳐주는 진실.
노아는 알츠하이머에 걸린 아내 앨리에게
매일 같은 이야기책을 읽어준다.

그것은 바로 그들의 사랑 이야기.
그녀는 대부분 그를 알아보지 못한다.
하지만 잠시, 아주 짧은 순간 기억이 돌아오고 그들은 다시 젊은 연인이 된다.

"우리 사랑은 평범하지 않았어. 우리 사랑은 운명이었지."

죽음이 가까워진 어느 날, 마침내 그들은 나란히 누워 손을 맞잡은 채 함께 세상을 떠난다.

기억은 사라질 수 있어도 사랑은 지워지지 않는다는 걸 보여주는 장면에서 사랑을 다시 한번 생각하게 한다.

우리의 기억보다 오래 남는 것이 있다면 그것은 아마도 사랑이 아닐까.

진정한 사랑은 시간도, 질병도 죽음도 뛰어넘는다.
노트북은 그렇게 사랑의 영원을 믿게 한다.

사랑의 순간들
일상에서 발견한 사랑

한 남자와 여자가 식당으로 들어와
마주 보고 앉는다. 연인은 아니다.

남자가 식탁에 휴지를 깔고
수저를 놓는 동안
여자는 물을 따르며
남자에게 이야기한다.
"고마워."

수저를 놓는 행위에 대해
고맙다는 표현을 한 것이다.

서로의 배려가 다정하기도 한데
배려를 묵인하지 않고
표현하는 여자의 목소리가
꽤나 아름답게 들렸다.

"고마워."
그 작은 소리가 공기 중에 머물다가
내 마음에 오랫동안 내려앉았다.

사랑의
표현

사랑의 질문들 ───────────

1. 가장 기억에 남는 사랑의 표현은 무엇인가?
2. 말로 표현하지 않고도 사랑을 느꼈던 순간이 있는가?

제4장

사랑의 실천

사랑은 나중이 아니라, 지금이다

이 장의 테마 음악

🎧 *I Like Me Better - Lauv*

자연에서 배우는 사랑

자연은 우리에게 사랑의 가장 순수한 형태를 보여준다. 인간처럼 복잡한 감정이나 조건 없이 존재 그 자체로 감동을 준다.

바다거북은 수천 킬로미터를 헤엄쳐 자신이 태어난 해변으로 돌아와 알을 낳는다. 이것은 본능일까, 아니면 고향에 대한 사랑일까? 어쩌면 본능과 사랑 사이의 경계는 없는지도 모른다.

늑대들은 평생을 한 짝과 함께한다. 무리 안에서 서로를 보호하고, 아픈 구성원을 돌보며 어린 새끼들을 함께 양육한다. 야생의 사랑이다.

코끼리 어미는 22개월의 임신 기간을 거쳐 새끼를 낳고, 무리의 모든 암컷들이 자신의 새끼가 아니어도 함께 새끼를 돌본다. 공동체의 사랑이다.

대나무는 다른 대나무와 뿌리로 연결되어 영양분을 나눈다. 한 그루가 아프면 다른 대나무들이 도움을 준다. 식물조차 홀로 살아가지 않는다. 나눔의 사랑이다.

반딧불이는 어둠 속에서 빛을 내어 짝을 찾는다. 자신을 환하게 드러내고 상대방을 찾는 용기. 빛의 사랑이다.

돌고래는 아픈 동료를 수면 위로 밀어 올려 숨을 쉴 수 있게 도와준다. 때로는 며칠이고 교대로 밀어주며 지친 동료를 지킨다. 헌신의 사랑이다.

자연은 말하지 않는다. 그저 행동으로 보여 줄 뿐이다. 인간의 복잡한 언어와 생각 없이도 자연은 매일 사랑을 실천한다.

어쩌면 우리는 너무 많이 생각하고 너무 적게 행동하는지도 모른다.

작은 행동의 힘

사랑은 가족, 친구, 연인에게만 국한되는 것일까?
우리는 얼마든지 낯선 이에게도 사랑을 보낼 수 있다.

아침 출근길, 뒤따라 들어오는 사람을 위해 문을 잡아주는 배려.

피곤해 보이는 동료에게 건네는 커피 한 잔.

안전하게 운행해준 기사님께 전하는 '감사합니다.'라고 짧은 인사.

길을 묻는 사람에게 친절하게 답해주는 시간.

이 모든 것들은 보이지 않게 전달되는 작은 마음들이다.

세상에 퍼지는 따듯함은 화려한 행동에서 비롯되지 않는다.
누군가의 하루를 밝히는 작은 친절만으로도 얼마든지 세상과 타인에게 사랑을 베풀 수 있다.

이런 작은 행동들이 모여 서로의 삶을 밝히고 더 따듯한 세상을 만든다.

우리는 모두 연결되어 있다.

사랑은
지금이다

우리는 살아가면서 사랑을 미룬다.

"나중에 말해야지."
"다음에 더 잘해줘야지."
"지금은 바쁘니까."

하지만 사랑은 기다려주지 않는다.
사랑은 나중이 아니라, 지금이다.

사랑한다고 말하기를 망설이다 더 이상 전할 수 없는 순간을 맞이할 때 그 아픔은 배가 된다.

우리는 종종 "언젠가"를 기약하지만
사실 "언젠가"는 오지 않는다.

오늘은 지나가고 내일은 약속되지 않았다.
사랑은 언제나 지금, 해야 한다.
표현을 비롯한 모든 고백을 미루고 있다면
그 고백은 영원한 미뤄지게 된다.

- 누군가를 사랑한다면, 지금 표현하라.
- 고마운 사람이 있다면, 지금 전하라.

사랑의
작은 기적

매일 아침,
50년간 해온 일상이지만
여전히 서로의 손을 잡고
식당의 문을 여는 노부부.
이것이 사랑의 첫 번째 기적.

학교 앞, 친구가 울고 있는데
아무 말도 묻지 않고 곁에 앉아
함께 있어 주는 아이.
이것이 사랑의 두 번째 기적.

오래도록 낫지 않을 것만 같았던 병이
어느 날, 조금씩 나아지기 시작할 때.
이것이 사랑의 세 번째 기적.

"괜찮아?"라는 짧은 문자 한 통에
마음이 울컥해지는 순간.
이것이 사랑의 네 번째 기적.

세상은 이런 작은 기적들로 가득하다.

관계에서
사랑을 지속하는 법

⋮

첫 키스의 전율, 함께 보낸 첫 밤의 설렘.
새로운 사랑의 시작은 언제나 마법 같다.
그러나 모든 사랑이 처음처럼 반짝이지만은
않는다.

시간이 흐르면, 설렘은 잦아들고 기대했던
것들이 조금씩 다르게 다가온다.
그래서 사람들은 말한다.
"사랑의 유통기한은 3년이다."

과학자들은 설명한다.
도파민과 페닐에틸아민 같은 사랑의 호르몬이

18개월에서 3년 사이에 서서히 줄어들기 때문이라고. 그러나 그것은 사랑의 끝이 아니다.

사랑이 모양을 바꿔가는 시작이다.
한때 활활 타오르던 불꽃이 시간 속에서 은은한 잔불로 변하듯 사랑도 천천히, 더 깊고 조용한 형태로 스며든다.

설렘이 익숙함으로 변할 때, 익숙함이 따뜻함이 되고 따뜻함이 신뢰가 될 때 사랑은 더 단단해진다.

사랑이 식었다고 느낄 때 우리는 새로운 사랑을 찾는 것이 아니라 지금의 사랑을 다시 꽃피우는 법을 배워야 한다.

사랑은 끝나는 것이 아니다.
더 깊어지는 것이다.

공간과 사랑

사랑은 공간을 특별하게 만든다.
두 사람이 함께 머무른 곳에는 보이지 않는 추억의 결이 차곡차곡 쌓여간다.

처음 함께 꾸민 작은 방, 마주 앉던 카페의 창가 자리, 손을 잡고 걷던 거리 등 공간은 기억을 품는다.

그곳에는 웃음과 눈물, 기다림과 다정함이 스며든다. 그래서 사랑은 언제나 공간과 함께 자란다.

하지만 사랑이 머무는 곳은 언제나 함께 있는 자리만은 아니다.

혼자 머물 수 있는 공간, 자신만의 시간을 가질 수 있는 틈 역시 사랑을 지키는데 꼭 필요하다.

"네가 필요한 시간과 공간을 가져도 괜찮아."
이 말은 곁에 있으면서도 서로의 자유를 인정하는 가장 깊은 다정함이다.

사랑은 가까이 붙어 있기만을 바라지 않는다. 서로를 위한 거리를 허락할 때 서로의 세계를 존중할 때, 사랑은 오히려 더 단단하게 이어진다.

때로는 틈이 있는 공간 속에서 서로를 떠올리고, 떨어져 있어도 마음으로는 여전히 연결되어 있음을 느낄 때, 상대가 지닌 존재의 부피를 깨닫는다.

사랑의
실천

우리는 부재 속에서 더 선명한 존재를 느낀다.

사랑의
작은 신호들

사랑은 언제나 거창할 필요가 없다.
오히려 사랑은, 작은 것들 속에 숨어 있다.

상대 앞에 앉아 눈을 맞추는 일.
그의 말에 귀 기울이며
한 문장도 놓치지 않으려는 태도.
그런 행동은 "당신을 중요하게 여기고 있어
요"라는 명백한 사랑의 표현이다.

"이거 보자마자 네가 생각났어."
무심한 듯 건네는 링크 하나,
선물에 붙여진 짧은 메모 한 줄.

그 속에는 당신을 향한 마음이 조용히 머물러 있다.

사랑은 누군가를 떠올리는 일이고,
그 생각을 외면하지 않는 실천이다.

바쁜 아침, 조용히 건네는 커피.
지친 얼굴 앞에 전해지는 짧은 응원의 말.
아픈 날 약을 사서 내미는 손.
이 모든 행동은 말 없는 고백이다.

그리고 손을 잡는 일.
지친 등에 조용히 손을 얹는 일.

그 작은 접촉은 차가운 하루의 끝에서 사람을 다시 따뜻하게 만든다.

사람은 종종
자신이 받고 싶은 방식으로
사랑을 건네는지도 모른다.

그러니 이 신호들을 놓치지 말 것.

누군가의 작은 배려 뒤에는
"나도 이렇게 사랑받고 싶어"라는
조용한 바람이 숨어 있을지도 모른다.

사랑의 순간들

자연에서 배우는 사랑

나무에서 떨어진 시든 잎들이 바람에 흩날리며 나무 주변에 쌓인다.

겨울이 오고 봄이 찾아오면 그 잎들은 서서히 분해되어 자신을 키웠던 나무의 뿌리로 다시 돌아간다.

한때는 나무의 일부였던 잎이 다시 그 나무의 자양분이 되어 새잎이 돋아나게 하는 순환의 구조다.

아무것도 버려지지 않고

다시 돌아오는 사랑.

숲을 걸으며 생각했다.

우리가 베푼 사랑도 그렇게
언젠가 다른 형태로 우리에게 돌아오는 것
은 아닐까.

자연은 소리 없이 가르친다.
사랑은 주고받음의 끝없는 순환이며
그 순환 속에서 우리는 새로운 생명으로 자
란다는 것을.

사랑의 질문들

1. 오늘 바로 실천할 수 있는 사랑의 행동은 무엇인가?
2. 오래 미루고 있는 사랑의 표현이 있는가?
3. 타인을 대하는 태도 중에서 자기 자신에게 적용하면 좋을 것 같은 것은 무엇인가?

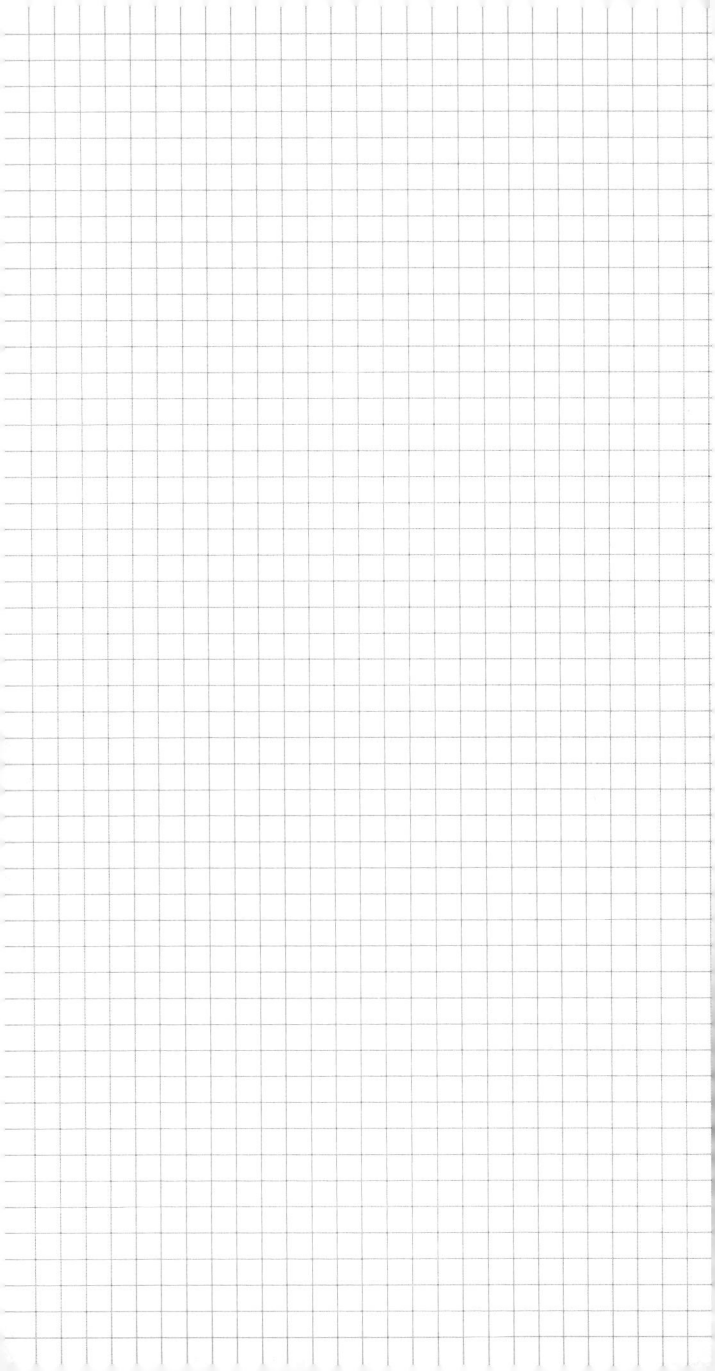

제5장

사랑의 장애물과 시간

사랑은 노력하지 않으면 희미해진다

이 장의 테마 음악

 최유리 - 사랑

사랑하기 위해
필요한 태도

- 먼저 다가가는 용기
- 표현하는 용기
- 거절당해도 다시, 누군가를 사랑할 수 있는 용기

한 계절을
살아내며

시간은 꽃잎처럼 바스러지고
삶은 한정적이라는 걸
계절이 바뀔 때마다 말을 걸어온다.

이 계절이 바뀌는 동안
그러니까 사랑했어요?

타인을 사랑하든
자신을 사랑하든
누군가를 사랑했어요?
그런 계절을 살았어요?

두가지 얼굴

사랑의 시간은 두 가지 얼굴을 지닌다.

하나는
'지금 바로 사랑하라'고 재촉하고,

다른 하나는
'때로는 기다려주라'고 속삭인다.

이 둘 사이의 균형을 찾는 것.
그것이 사랑의 시간을 이해하는 열쇠다.

시간이라는 선물

*사랑이라는 선물은
언제나 '시간'의 형태로 도착한다*

사랑은 시간을 나누는 일이다.
주는 사람도, 받는 사람도 자신의 하루를 조금씩 건네며 하나의 관계를 함께 빚어간다.

그 안에서 누군가에게 자신의 시간을 온전히 내어준다는 것은 어떤 보석보다도 귀하고 진한 사랑의 징표다.

함께 바라본 석양, 낯선 거리를 나란히 걷다 들은 웃음소리, 어깨에 기대어 들은 노래, 손을 맞잡고 올려다본 별빛. 이런 순간들은 시간이 지나도 바래지 않는다.

오히려 마음 한 켠에 오래도록 남아 우리 삶을 기록하는 조용한 앨범이 된다. 추운 날, 담요처럼 우리를 감싸는 따뜻한 기억이 된다.

시간을 나누면 나눌수록 사랑은 깊어진다. 하지만 중요한 것은 단순히 함께한 시간의 길이가 아니라 그 시간이 얼마나 진심으로 서로에게 진심이었느냐 하는 것이다.

짧은 시간이더라도 서로의 마음을 온전히 나누고 이해하는 순간들은 사랑을 충분히 단단하게 만든다. 반대로 아무리 오래 함께해도 서로에게 마음을 닫고 피상적으로 시간을 보낸다면 사랑은 깊어지기 어렵다.

그래서 사랑은 함께한 시간의 양이 아니라 그 시간 속에 쌓인 진심과 경험, 신뢰의 깊이로 깊어진다.

사랑은 결국 '무엇을 함께 했는가'가 아니라,

'어떻게 함께 있었는가'에 대한 기록이다.

짧은 시간이더라도 진심 어린 마음을 담아 함께한다면 그 사랑은 충분히 깊어질 수 있다.

시간을 나누는 과정에서 우리는 서로를 이해하고 서로를 신뢰하며 단단한 유대를 쌓아간다.

처음엔 수많은 사람 중 하나였지만, 함께 보낸 시간만큼 서로에게 없어서는 안 될 존재가 되어간다.

시간은 단순히 함께 보낸 양이 아니다.
서로를 알아가고, 마음을 열고, 깊은 유대를 형성하는 소중한 여정이다.

그 여정을 통해 우리는 서로에게 대체 불가능한 존재가 된다. 유일한 존재가 된다.

이별하기 때문에
사랑한다

모든 만남에는 이별이 있다.
그 사실을 알기 때문에
우리는 더 뜨겁게 사랑할 수 있다.

만약 사랑이 영원히 지속된다면
만약 이별이 없다면
우리는 지금처럼
간절하게 사랑하지 않을 것이다.

무한한 시간이 주어진다면
굳이 오늘 사랑할 이유가 없기 때문이다.
유한함이 사랑을 절실하게 만든다.

언젠가 헤어질 것을 알기에
지금 이 순간이 더욱 소중해진다.

마지막일지도 모르는 대화.
마지막일지도 모르는 미소.
마지막일지도 모르는 포옹이
더 따뜻하게 느껴진다.

언젠가 끝이 정해진 만남이기에
우리는 더 깊이
더 진실하게 사랑한다.

이별하기 때문에 사랑한다.
잃을 것을 알기 때문에 더 단단히 붙잡는다.

우리 모두 영원하지 않다는 것을 깨달을 때
삶은 간절한 순간들로 가득 찬다.

변화하는 관계 속에서 사랑을 지키는 법

오랜 시간이 지나 사랑이 일상이 되었을 때 우리는 어떻게 그 사랑을 새롭게 할 수 있을까?

같은 공간에 있어도 대화가 줄어들 때.
함께 있는 시간이 익숙해질 때.
관계가 의무처럼 느껴질 때.

이럴 때 필요한 것은 새로운 사랑이 아니라 지금의 사랑을 다시 바라보는 태도가 필요하다.

– 처음 만났을 때를 떠올려 보기

- 작은 다정함을 습관처럼 실천하기
- 서로에게 솔직해지기

사랑은 노력하지 않으면 희미해진다.
하지만 다시 노력하면 언제든 다시 깊어질 수 있는 것이 사랑이라 믿고 있다.

기다림도
사랑이다

요즘 세상은 빠르다.
문자는 읽는 즉시 답장이 오고
음식은 몇 분 만에 배달되고
택배는 하루 만에 도착한다.

우리는 모든 것이
즉각적으로 이루어지길 기대한다.

하지만 사랑은 바로 오지 않는다.
사랑에는 때로 기다림이 필요하다.

누군가가 상처를 극복할 때까지

관계가 깊어질 때까지
믿음이 쌓일 때까지
기다림이 필요하다.

기다림의 또 다른 말은
"나는 너의 속도를 존중해." 라는
말과 같은지도 모른다.

상대의 변화를 재촉하지 않고
그 사람만의 시간을 허락하는 것.
이것도 사랑의 중요한 배려이다.

다양한 문화 속의 사랑

사랑은 시대마다, 문화마다 저마다의 색을 띠고 있다.

사랑을 이해하고 표현하는 방식은 달라도, 그 안에 흐르는 마음만큼은 다르지 않다.

일본에는 '아마에(甘え)'라는 단어가 있다. 누군가에게 기대고, 무방비하게 의지하는 신뢰의 감정. 그 안에는 망설임도, 수치심도 없다.

한국에는 '정(情)'이라는 사랑이 있다.

크게 드러나지 않지만, 시간을 함께 견디며 조금씩 깊어지는 애착. 같은 밥을 먹고, 같은 계절을 함께 보내며 쌓아가는 사랑이다.

덴마크에는 '휘게(Hygge)'라는 사랑이 있다. 아늑한 저녁, 촛불 아래 나누는 대화. 비 내리는 창가 앞, 고요한 침묵 속에 흐르는 따뜻함. 작고 평범한 순간을 소중히 여기는 사랑이다.

당신은 어떤 사랑의 결을 좋아하는가?

사랑을 지속하는 연습

사랑은 시작보다
지켜내는 일이 더 어렵다.

좋을 때는 누구나 다정하지만,
지치고 서운할 때에도
그 다정을 기억해주는 사람은 많지 않다.
그래서 사랑은,
매일 연습이 필요하다.

- "고마워"라는 말, 하루에 한 번은 꼭 하기
- 지적보다 이해가 먼저인 태도 갖기
- 당연한 존재가 아니라, 소중한 사람으로

바라보기

사랑은 감정으로 시작되지만,
오래 가는 사랑은 결국 '태도'에서 비롯된다

어떻게 사랑할 것인가보다
어떻게 계속 사랑할 것인가가 중요하다.

실수해도 괜찮다.
다투는 날이 있어도 괜찮다.

서툰 날들 사이에도 서로를 놓지 않으려는
노력 하나가 사랑을 지켜준다.

사랑의 순간들

시공간을 뛰어넘은
사랑

영상통화하는 법을 모르는 아버지에게 수락 버튼을 누르는 방법을 알려드린 뒤 오랜만에 아버지의 얼굴을 마주했다.

성큼 더 늙어버린 얼굴. 골처럼 깊게 패인 주름마다 나를 키워온 세월이 스치듯 빛나고 지나갔다.

통화가 끝날 무렵, 사랑한다고 말하려다 잠시 망설였지만, 결국 그냥— 사랑한다고 말해버렸다.

사랑의 질문들

1. 시간이 지나면서 사랑은 어떻게 변화했는가?
2. 누군가를, 혹은 누군가를 위해 기다려준 경험이 있는가?

제6장

사랑의 힘

살아있으므로 사랑하는 것이 아니라,
사랑하므로 살아있음을 느끼는 것.

이 장의 테마 음악

🎧 *All You Need Is Love - The Beatles*

나는 사랑한다
고로 존재한다

"나는 생각한다, 고로 존재한다."

철학자 데카르트가
자신의 존재를 증명했던 말이다.

그러나 사랑하는 사람에게는
또 하나의 명제가 있다.

"나는 사랑한다. 고로 존재한다."

평소보다 더 크게 뛰는 심장.
무료한 일상이 기쁨으로 가득차며

누군가를 떠올리며 지어지는 미소.
작은 것이라도 나누고 싶어지는 마음.

이 모든 사랑의 징후들이
우리를 살아 있게 만든다.

살아있으므로 사랑하는 것이 아니라
사랑하므로 살아있음을 느끼는 것.

그리하여 우리는 사랑한다.
고로 존재한다.

아름다운 장면

지금 여기,
우리를 스쳐가는 모든 순간이
가장 아름다운 장면이 된다는 걸
잊어서는 안된다.

지금보다 아름다운 날들은 없다.

사랑의 발음은
모두 달다

다양한 발음이지만 같은 마음.
번역이 필요 없는 언어.
통역도 해석도 필요 없는 공통언어.

전 세계적으로 사랑을 표현하는 방식은
문화마다 다르지만 의미는 하나다.

한국어: "사랑해요"

일본어: "愛してる"
(아이시테루)

중국어: "我爱你"
(워아이니)

프랑스어: "Je t'aime"
(쥬 뗌)

이탈리아어: "Ti amo"
(띠 아모)

스페인어: "Te quiero"
(떼 끼에로)

독일어: "Ich liebe dich"
(이히 리베 디히)

러시아어: "Я тебя люблю"
(야 테뱌 류블류)

발음은 다르지만, 사랑을 표현하는 마음은 모두 같다.

사랑의 발음은 국경을 뛰어넘는다.

우리가 서로 다른 언어로
"사랑해"라고 말할 때, 그 순간 우리는 인류라는 하나의 가족이 된다.

사랑의 발음은 모두 달다.

음악으로 흐르는 사랑

인류의 역사 속에서 사랑만큼 많은 음악을 탄생시킨 주제는 없다.

모차르트부터 비틀즈, 판소리부터 재즈까지 시대와 장르를 막론하고 사랑은 음악의 중심에 있었다.

왜 우리는 사랑을 노래하는 걸까? 그것은 사랑이 말로는 담을 수 없는 감정이기 때문이다.

멜로디가 전하는 떨림, 화음이 만드는 깊이,

리듬이 담아내는 생명력. 음악은 모든 감각을 빌려 사랑이라는 복잡한 감정을 표현한다.

비틀즈의 'All You Need Is Love'가 전하는 보편적 메시지, 에디트 피아프의 'La Vie en Rose'가 그려내는 장밋빛 세상.
이들은 단순한 음악이 아니라, 평생동안 귓가에 맴돌며 사라지지 않을 감정을 멜로디로 새겨넣은 것이다.
단 몇 분의 멜로디가 평생의 사랑 이야기를 담아낸다.

'우리의 노래'라고 부르는 곡, 처음 만난 날에 흐르던 음악, 함께 춤을 추었던 리듬. 이 모든 소리는 우리의 귓가에 사랑을 새기는 방식이다. 이처럼 음악은 사랑의 기억을 저장하는 특별한 장소이기도 하다.

때로 우리는 음악에서 위로를 찾는다.
어떤 노랫말이 내 마음을 대신 말해줄 때

'나만 이런 게 아니구나' 하는 연대감을 느낀다.

그리고 말로는 다 하지 못할 사랑을 노래로 고백하기도 한다.
결혼식에서 부르는 축가, 정성껏 만든 플레이리스트, 라디오에 신청한 사연과 함께하는 곡.
이 모든 것이 "내가 당신을 사랑합니다"라는 다양한 방식의 고백이다.

당신에게 특별한 '사랑의 노래'는 무엇인가.

스스로에게 필요한 질문

내가 누군가에게 남기고 싶은 사랑의 기억은 무엇일까?

사랑을 더 깊이 이해하기 위해서는 스스로에게 질문을 던지고 답해보는 일이 필요하다. 질문에 대한 답을 찾는다는 것은 결국 나만의 색깔을 발견하는 일이기 때문이다.

내가 생각하는 사랑의 정의는 무엇인가?
내 삶에서 가장 깊이 사랑했던 순간은 언제인가?
나는 어떤 방식으로 사랑을 표현하고 싶은가?
나는 어떤 방식으로 사랑받고 싶은가?

내가 사랑을 망설였던 이유는 무엇이었을까?
그 두려움을 넘어서기 위해 무엇이 필요한가?
나에게 가장 소중한 관계는 무엇인가?
그 관계를 더 깊게하기 위해 오늘 할 수 있는 작은 행동은 무엇인가?
내가 누군가에게 남기고 싶은 사랑의 기억은 무엇일까?

희생은
사랑일까

아침, 알람 소리에 눈을 뜬다.
졸린 눈을 비비며 사랑하는 사람을 위해 아침을 준비한다.
주말 아침, 더 자고 싶은 마음을 조용히 접는다.
이것은 희생일까, 사랑일까.

좋아하는 영화가 개봉했지만 파트너가 보고 싶어 하는 영화를 대신 본다. 이것도 희생일까, 사랑일까.

사랑은 종종 작은 양보와 포기의 형태를 띤다. 그러나 그 양보가 '나'를 완전히 지워버려서는 안 된다.

"널 위해서라면 뭐든지 할 수 있어."
영화 속에서는 로맨틱하게 들리지만 현실에서는 때로 위험할 수 있다.

자신의 꿈과 가치, 나라는 사람을 모두 포기하고 모든 것을 내어주는 사랑은 결국 자신을 잃게 한다.

거울 앞에 서서, 조용히 묻게 된다.

"나는 어디에 있는 걸까."

처음엔 사랑이었지만
일방적인 희생은 서서히 원망으로 변한다.
그리고 원망은 사랑을 갉아먹는다.

사랑은 채움이어야 한다.
한 사람만 비워지고, 한 사람만 채워지는 관

계는 오래가지 못한다.
만약 사랑 때문에 무언가를 포기해야 한다
면 스스로에게 물어야 한다.

이것은 나를 잃어버리는 희생인가.
아니면 나를 더 풍요롭게 만드는 선택인가.

사랑이 당신에게 오직 희생만을 요구한다면
그것은 진정한 사랑이 아닐지도 모른다.

진정한 사랑은
당신을 더 작게 만들지 않고
더 크고 더 충만하게 만든다.

"너를 위해 어쩔 수 없이"가 아니라
"너와 함께라면 기꺼이"라고 말할 수 있을 때
그것은 희생이 아닌 사랑에 가까워진다.

사랑 안에서
함께 성장하기를.

희생이 아닌 배움을 품은 여정이기를.
그리고 그 여정이 외롭지 않기를.

사랑의 순간들

밤하늘에서 느낀 사랑

하늘을 올려다본다.

밤하늘을 가장 밝게 수놓는 시리우스는
8년 전의 빛으로 오늘을 비춘다.

과거의 별빛이 지금 우리를 비추듯
누군가의 사랑도
오랜 시간을 지나
우리에게 오는지도 모른다.

할머니의 손길
친구의 위로

엄마의 기도
낯선 이의 미소
오래 전 누군가 건넨 따뜻한 말 한마디.

이 모든 작은 사랑들이
별빛처럼 시간을 건너
지금 우리에게 닿아
은은히 빛난다.

오늘 내가 건네는 사랑도
누군가의 밤하늘에
작은 별 하나 되어
조용히 빛나고 있으면 좋겠다.

사랑의 질문들

1. 사랑의 정의를 한 문장으로 표현한다면?
2. 인생에서 사랑이 가장 크게 느껴진 순간은 언제였는가?
3. 특별한 '사랑의 노래'가 있는가?

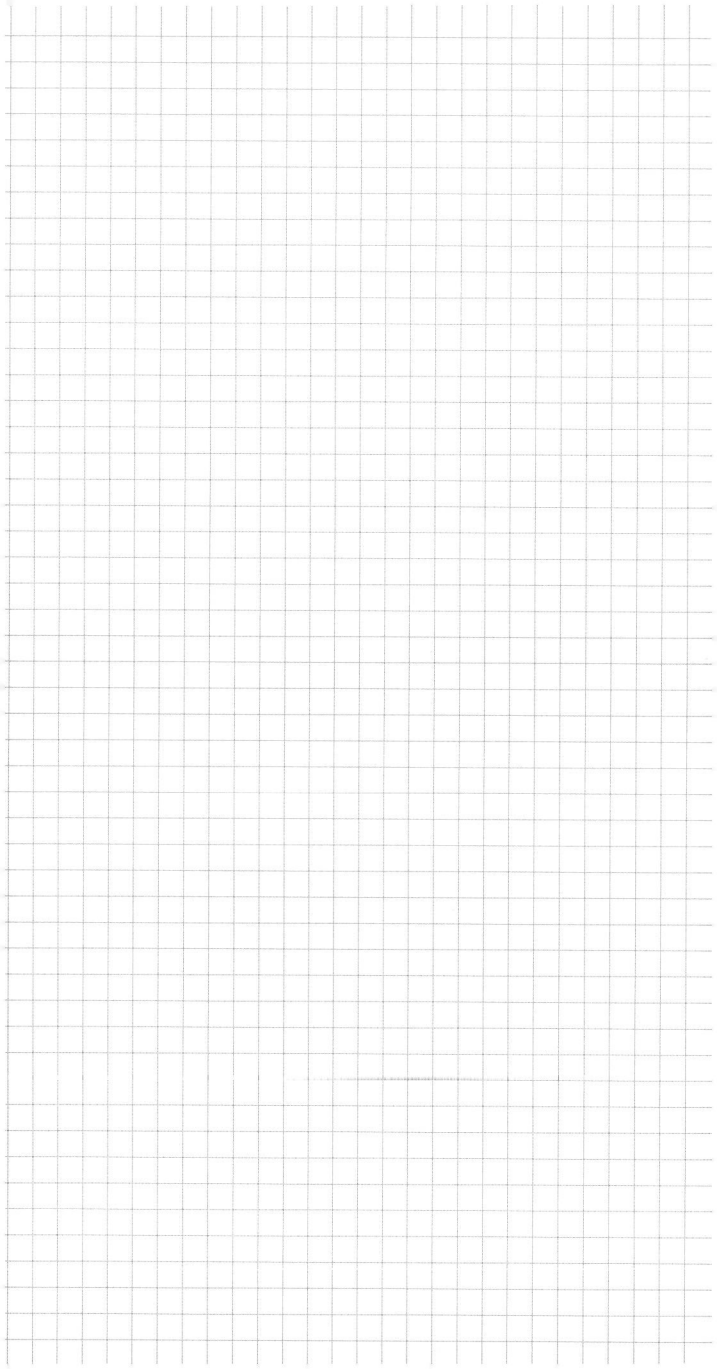

에필로그

사랑의 여정을
마치며

사랑령을 마음 속에 품고 우리가 어떻게 사랑으로 존재하는지 들여다보며 일상에서 마주치는 사랑의 여러 모습들을 찾고 싶었다.

시간 속에서 변화하는 사랑의 모습과 그 본질적 의미까지.

이 여정을 통해 한 가지 진실을 발견할 수 있었다. 사랑은 단순한 감정이 아니라 선택이며, 단순한 말이 아니라 행동이자 표현이며, 단순한 상태가 아니라 지속적인 실천이라는 것을.

가장 중요한 것은 사랑이 우리 존재의 핵심이라는 사실이다. 우리는 사랑함으로써 더 온전히 존재한다.

타인을 향한 사랑, 세상을 향한 사랑, 그리고 무엇보다 자신을 향한 사랑을 통해 우리는 더 풍요롭고 의미 있는 삶을 살아갈 수 있다.

사랑령은 명령이 아닌 초대다. 더 충만한 존재가 되기 위한 따뜻한 초대. 지금, 여기서 사랑을 시작하라는 다정한 권유.
이 책의 페이지를 넘기더라도 사랑의 실천이 계속 되었으면 좋겠다.

우리의 일상 속에서, 매 순간의 선택 속에서, 사랑령이 선포되기를.

작가의 말
당신에게

우리는 각자의 방식으로 사랑한다.

연인, 가족 간의 사랑일 수도 있고 사신을 비롯한 세상을 향한 사랑일 수도 있다.

당신이 사랑하는 방식이 곧 당신이 살아가는 방식이다.

당신의 사랑은 완벽할 필요가 없다. 때로는 서툴고, 때로는 부족하고, 때로는 아프더라도 그 모든 과정이 사랑의 일부다.

우리의 인생 속에서 부디 사랑을 망설이거나 미루지 않기를 바란다.

지금, 여기서 사랑을 시작하자.

당신이 존재하는 방식으로 사랑하자.
당신이 사랑하는 방식으로 존재하자.

에필로그 테마 음악

🎧 볼빨간 사춘기 - LOVE

Love Index Check

당신의
사랑 지수는?

아래 항목들을 읽고 최근 한 달 동안 실천한 것에 체크해보자.

- ☐ 아침마다 사랑하는 이에게 따뜻한 인사를 건넸다.
- ☐ 소중한 사람에게 고맙다는 말을 자주 했다.
- ☐ 지친 친구에게 "괜찮아?"라고 물어봤다.
- ☐ 거울을 보고 스스로에게 미소를 지었다.
- ☐ 사랑하는 사람에게 편지나 메시지를 썼다.
- ☐ 우산이 없는 사람과 우산을 나눠 썼다.
- ☐ 대화할 때 휴대폰을 내려놓고 온전히 집중했다.
- ☐ 작은 일에도 "고마워"라고 말했다.
- ☐ 가족에게 안부 전화를 했다.
- ☐ 상대방의 이름을 불러주며 관심을

표현했다.
- [ ] 사랑하는 사람의 취미에 관심을 가져봤다.
- [ ] 혼자 있는 사람에게 먼저 다가가 말을 건넸다.
- [ ] 실수를 해도 스스로를 너무 다그치지 않았다.
- [ ] 친구가 힘들어할 때 조용히 옆에 있어 주었다.
- [ ] 상대방의 좋은 점을 직접 칭찬했다.
- [ ] 누군가에게 책이나 작은 선물을 했다.
- [ ] 지나가는 사람에게 따뜻한 미소를 보냈다.
- [ ] 서비스 직원에게 "수고하세요"라고 인사했다.
- [ ] 혼자 있는 사람에게 함께하자고 제안했다.
- [ ] 오랫동안 연락하지 않았던 사람에게 먼저 연락했다.
- [ ] 내가 받은 친절을 다른 사람에게 베풀었다.
- [ ] 사랑하는 사람에게 이유 없이 "사랑해"라고 말했다.
- [ ] 누군가에게 작은 도움을 주었다.

- ☐ 동료나 친구에게 음료나 간식을 건넸다.
- ☐ 지친 사람에게 "너무 무리하지 마"라고 말해주었다.
- ☐ 누군가의 중요한 날을 기억하고 축하해주었다.
- ☐ 상대방의 말을 끝까지 경청했다.
- ☐ 힘든 하루 후에 나를 위한 시간을 가졌다.
- ☐ 과거의 아픔을 따뜻한 추억으로 바꿔봤다.
- ☐ 오늘 하루, 의식적으로 사랑을 실천하려고 노력했다.

기억할 것

중요한 것은 체크 개수가 아니라, 얼마나 진심으로 사랑을 나누었는가이다. 때로는 작은 행동 하나가 큰 변화를 만든다. 오늘부터 사랑을 시작하자.

작가소개 | 이용현

국문과를 졸업하고, 각종 백일장과 공모전에서 수상했다. 카피라이터를 거쳐 지금은 필독하고 싶은 문장을 만드는 에세이스트로 살아가고 있다.

브런치와 인스타그램(@feeldok)에서 시선이 머무는 글을 통해 독자들과 다정히 연결되고 있다.

『울지 마, 당신』, 『나는 왜 이토록 너에게 약한가』 등을 펴냈으며 사랑과 존재, 감정과 관계를 섬세하고 따뜻한 언어로 기록해오고 있다.

사랑령

초판 1쇄 발행 : 2025년 8월 5일

지은이 : 이용현

펴낸이 : 필독

Instagram : @feeldok

이메일 : feeldokbook@naver.com

제작처 : 책과 6펜스

ISBN : 979-11-992933-0-4

FEELDOK(필독)
© 2025 사랑령. All rights reserved.
본 도서의 모든 글, 이미지, QR 코드 및 디자인 요소는 저작권법에 의해 보호받으며, 저자의 사전 서면 허락 없이 어떠한 형태로도 복제, 배포, 전송, 변형될 수 없습니다.
-
※책에 수록된 인용문과 음악 목록은 원 저작자의 권리를 존중하며, 일부 인용은 공정 사용(Fair Use)의 범위 내에서 활용되었습니다.
※QR코드 및 음악 정보는 독자의 감상 경험을 확장하기 위한 목적이며, 상업적 목적은 포함되어 있지 않습니다.
※파본은 구입처에서 교환해드립니다.